14

供电企业生产技能人员标准化作业培训教材

SF_6电流互感器例行检修试验

福建省电力有限公司　组编

输变电

中国电力出版社
CHINA ELECTRIC POWER PRESS

内 容 提 要

本册书是按照《供电企业生产技能人员标准化作业培训教材》体系的要求，结合生产实际编写而成。本册书共分为两大部分，第一部分介绍 SF_6 电流互感器例行检修、试验的标准化作业内容，主要包括例行检修、试验标准化作业的工作流程、安全风险与预控、工作质量标准与控制等内容，结合检修和试验的实际案例，对例行检修、试验的操作要点、关键步骤的控制、安全注意事项、管理要求等进行了具体分析。第二部分主要介绍了实际作业案例相关的标准化作业文本。

本册书作者都是长期从事电力生产一线的员工，有较为丰富的现场实际经验，所列举的案例在实际生产过程中较为典型，具有较强的生产现场指导意义。本册书可作为供电企业电网输变电工作人员的培训教学用书，也可作为电力职业院校教学参考用书。

图书在版编目（CIP）数据

供电企业生产技能人员标准化作业培训教材. 输变电/福建省电力有限公司组编. —北京：中国电力出版社，2012.12

ISBN 978-7-5123-3810-4

Ⅰ. ①供…　Ⅱ. ①福…　Ⅲ. ①供电－工业企业管理－标准化管理－中国－技术培训－教材　②输电－电力系统－技术培训－教材　③变电所－电力系统－技术培训－教材　Ⅳ. ①F426.61

中国版本图书馆 CIP 数据核字（2012）第 287838 号

中国电力出版社出版、发行

（北京市东城区北京站西街 19 号　100005　http://www.cepp.sgcc.com.cn）

北京九天众诚印刷有限公司印刷

各地新华书店经售

*

2013 年 1 月第一版　　2013 年 1 月北京第一次印刷

787 毫米×1092 毫米　16 开本　84 印张　1766 千字

全册定价 **232.00** 元

陈艺鑫　陈日坤　陈祥舒　陈朝晖　陈德兴

林　衡　林一泓　林志敏　林志强　林轶群

林海渊　欧世尧　欧永连　罗　松　罗　毅

金建宁　郑哲人　郑雄俊　郑黎斐　赵道阳

施　纬　施广宇　洪西卿　钱志立　翁晓锋

涂恩来　黄　亮　黄国敏　董　磊　傅智为

潘晨曦

前言

preface

为了更好地服务“五大”体系建设，提升生产技能人员良好的“职业化”行为习惯，建立与现场标准化作业生产环境一致的培训课程体系，福建省电力有限公司以现场标准化作业指导书为蓝本，组织开展生产技能标准化作业培训教材的编写工作。为确保教材的编写质量和进度，由总工程师李功新主抓此项工作，多次召集工作协调会，定期听取编写进度汇报；人力资源部负责教材编写的组织工作，运维检修部、科技信通部和调度控制中心负责教材编写的具体工作，福建省电力有限公司和基层单位技术专家组成教材编写与审定小组，公司培训中心负责教材编写框架和编写规范的制订、编写进度跟踪及其他协调工作。

本套教材集中了福建省电力有限公司众多专家学者的智慧，采用了全新的组织架构，突出了基于现场标准化作业的培训特色。本套教材分为配电专业、输变电专业和二次专业三本书，包括91项现场标准化作业项目（子分册），具有很强的针对性和实用性。各项目（子分册）分为两部分：第一部分介绍了各项目的工作流程、工作质量标准与控制、危险点分析与预控、管理与记录要求、作业案例等；第二部分罗列了标准化作业指导书等标准化作业文本，并结合第一部分的作业案例说明了标准化文本的填写规范。部分项目（子分册）还在附录部分对设备等内容进行了说明。

其中，配电专业分为架空线路、配电设备、计量装置及其他设备，由福建省电力有限公司运维检修部高级工程师姚亮担任编写组长，福州电业局、厦门电业局、莆田电业局、泉州电业局、漳州电业局、龙岩电业局、三明电业局、南平电业局、宁德电业局、福清电力公司、石狮电力公司、晋江电力公司、南安电力公司、长乐电力公司等单位的专家参与编写工作。输变电专业分为开关类、线圈类和架空线路及电缆，由福建省电力有限公司运维检修部高级工程师林平担任编写组长，福建省电力科学研究院、检修分公司、福州电业局、厦门电业局、莆田电业局、泉州电业局、漳州电业局、龙岩电业局、三明电业局等单位的专家参与编写工作。二次专业分为继电保护、综合自动化、直流系统和电力通信，由福建省电力有限公司调度控制中心高级工程师宋福海、科技信通部高级工程师连纪文担任编写组长，福建省电力科学研究院、检修分公司、信息通信分公司、福州电业局、厦门电业局、莆田电业局、泉州电业局、龙岩电业局、三明电业局、南平电业局等单位的专家参与编写工作。

本册由福建省电力科学研究院施广宇担任编写组长，福建省电力检修公司吴达、泉州电业局吴奇宝主要编写，福建省电力检修公司陈德兴、林海渊参与编写；福建省电力有限公司运维检修部陈新主编，福建省电力科学研究院涂恩来、福建省电力检修公司吴达、厦门电业局刘志平、泉州电业局王恒山、沈谢林、漳州电业局陈艺鑫、南平电业局杨建平、三明电业局李勇明等参审。

本教材在编写、审定过程中得到了福建省电力有限公司有关单位领导和专家的大力支持和帮助，在此一并感谢。同时，也感谢中国电力出版社的大力支持。

由于编者能力所限及编写时间仓促，难免存在疏漏之处，恳请各位专家和读者提出宝贵意见。

contents 目录

第一部分

标准化作业培训

1　作业描述

根据 SF_6 电流互感器例行检修指导书的内容，介绍 SF_6 电流互感器例行检修的工作流程和质量标准要求。通过流程介绍和列表说明，掌握 SF_6 电流互感器例行检修技能、所需工器具、材料、工作流程、质量标准、作业中的危险点预控、操作步骤、管理要求等内容。

2　工作流程

SF_6 电流互感器例行检修的工作流程如图 1-1 所示。

3　工作质量标准与控制

3.1　引用标准

GB 1208—2006　《电流互感器》

GB/T 5832.2—2008 《气体中微量水分的测定 第 2 部分：露点法》

GB/T 8905—1996　《六氟化硫电气设备中气体管理和检测导则》

DL/T 727—2000　《互感器运行检修导则》

DL 506—2007　《六氟化硫电气设备中绝缘气体湿度测量方法》

Q/GDW 168—2008 《输变电设备状态检修试验规程》

国家电网生技〔2005〕173 号 《110（66）kV-500kV 互感器检修规范》

3.2　质量控制

（1）外观清扫检查：三相标示牌清晰完整，外绝缘表面清洁，无破损、无老化、无裂纹及放电痕迹。金属铁件部分无锈蚀现象，相序漆指示明显无脱落现象。

（2）密封法兰无变形，法兰紧固件齐全，紧固力矩符合规定。

（3）防爆片完好，安装正确。

（4）各引接线检查：各引线接触面光滑平整，接线端子连接可靠，无氧化层，紧固件齐全无缺。

（5）复合套管表面清洁、完整、无裂纹、无放电痕迹、无老化现象，憎水性良好。

（6）SF_6 气体的密封性检查，对电流互感器的 SF_6 气体接头，焊接管头进行气密性检漏。

（7）SF_6 气体压力表和密度继电器应完好，如有破损应更换新品，SF_6 压力低于规定值时应补气。

（8）二次端子进行检查紧固和清扫。

（9）电流互感器绝缘电阻测量。

1）测试内容：测量一次绕组对二次绕组及地的绝缘电阻，二次绕组对一次绕组及地的绝缘电阻。电流互感器末屏有引出时，还应测量末屏的绝缘电阻。

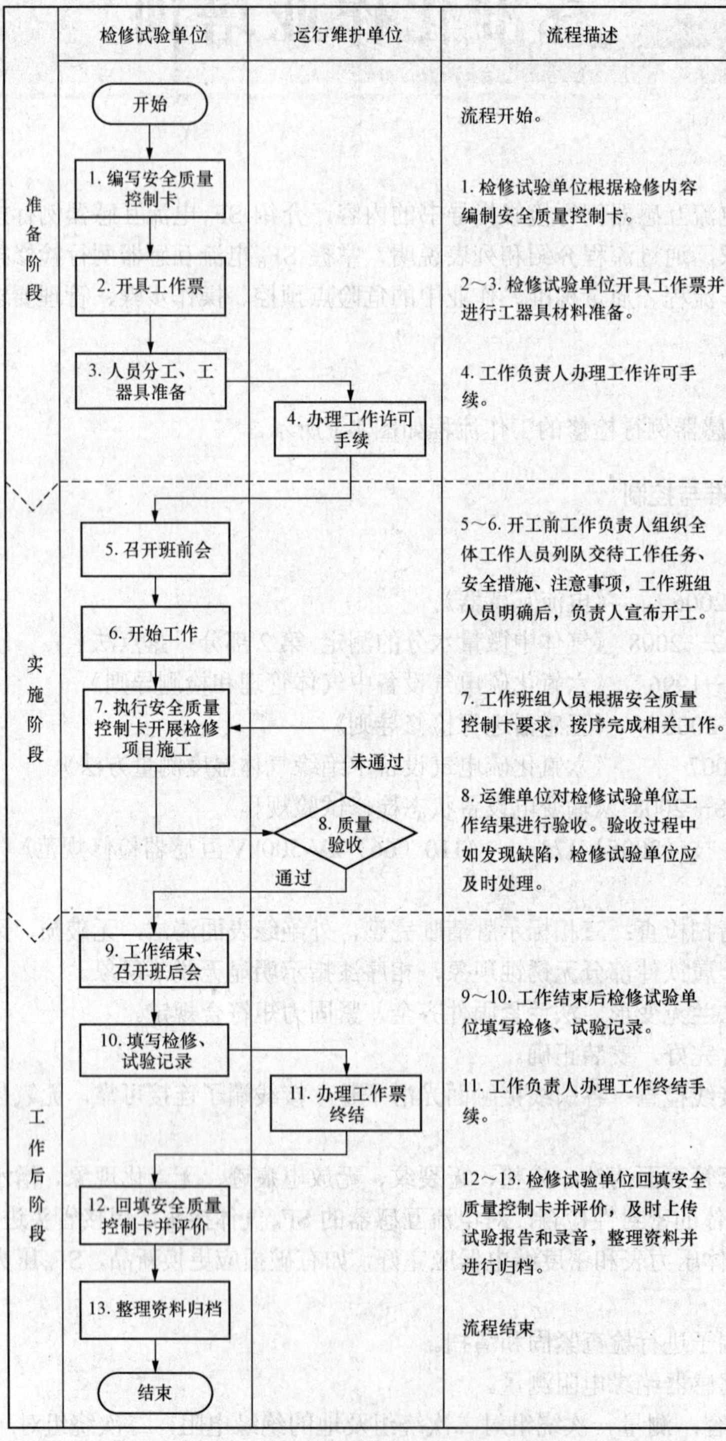

图 1-1　SF_6 电流互感器例行检修的工作流程图

2）质量控制要求：一次绕组的绝缘电阻应大于 3000MΩ；二次绕组之间匝间绝缘电阻应大于 500MΩ；一次绕组之间及地的绝缘电阻应大于 500MΩ；末屏对地（电容型）的绝缘电阻应大于 1000MΩ。

（10）SF_6气体测试。

1）气密性检查：测量系统所有接头处应无泄漏，否则，会由于空气中水分的渗入而使测量结果偏高。

2）流量标定：仪器的浮子流量计或电子流量计应用皂膜流量计标定，要求标定 100mL/min 和 50mL/min 两点。

3）测量管路和测量接头的要求

a）测量管路用不锈钢管或聚四氟乙烯管，长度一般在 2m 左右，内径 2～3mm。不得使用乳胶管或橡皮管。

b）测量管路应无扭曲、弯折、漏气现象。

c）测量管路使用前洗净，再吹干或烘干，平时应放置在干燥器中。

d）测量接头要求用金属材料，内垫用金属垫片或用聚四氟乙烯垫片。

4）测量仪器的干燥：对电解法及阻容法气体湿度测试原理的仪器，使用前要用高纯氮气进行干燥。所有接头、连接管路也应处于干燥状态。

5）管路连接：SF_6电流互感器取气阀与仪器应该使用专用接头和管路连接，接头部分如有潮气要用 500W 以上的吹风机用热风吹干。测量仪器的气体出口应该配有 10m 以上的排气管，并引至低洼处，防止大气中的水分从排气口进入仪器而影响测量结果并避免测试人员吸入六氟化硫气体。

6）测量：缓慢开启仪器的流量控制阀门，按仪器说明书进行操作，待仪器示值稳定后读数，并记录。测量过程中要保持气体流量的稳定。

7）环境要求：测量环境温度：5～35℃（尽可能在 10～30℃下测量），相对湿度：不大于 85%。

8）测量完毕后应注意关紧阀门，防止漏气。

9）当测量结果接近设备中六氟化硫气体的水分允许含量标准的临界值时，至少应该复测一次。

4　安全风险分析与预控

4.1　危险点 1：高处坠落

一次设备引线拆、装过程中，造成高空坠落

防范措施

（1）一次设备引线拆、装应使用高空作业车或搭脚手架。

（2）正确使用安全带（绳），严禁低挂高用或系挂在不牢固的构件上。

（3）高度超过 1.5m 处作业，应使用安全带。

4.2　危险点 2：触电

检修时，以下情况可能造成触电：

（1）拆接电源时人员触电。

（2）误入带电间隔。

（3）低压交直流电源倒送造成触电。

（4）现场使用高空作业车操作不规范造成触电。

（5）忽视对特种作业人员（如高空作业车司机）、外协工作人员、临时工的安全交底及监护，造成触电。

防范措施

（1）拆接电源应由两人进行，一人监护一人操作，防止人身触电事故。

（2）进入现场时，先将工作现场设备双重编号与工作票上工作内容设备编号核对无误，并检查安全措施完善，防止作业人员误入带电间隔或与带电设备距离不足的触电伤害。

（3）现场使用高空作业车应设专人指挥、专人监护；高空作业车分臂、伸臂、转向时应与母线、变电站内设备保持足够的安全距离；带电设备区域内使用高空作业车时，车身应使用不小于 16mm^2 的软铜线可靠接地。

（4）工作负责人应认真对特种作业人员、外协工作人员、临时工认真进行安全交底、危险点告知和安全知识教育；外协工作人员、临时工确认被告知内容后应履行交底签名手续，方可参加工作。

4.3 危险点 3：气体中毒

防范措施

（1）测量时仪器的排气管路应引至仪器 10m 以外的低洼处，人应处在上风位置。

（2）故障 SF_6 电流互感器内部气体含有大量的有害杂质，测量时必须配备安全防护用具（防毒面罩或防毒呼吸器等），防止测量过程中吸入有毒气体。

4.4 危险点 4：漏气及密度继电器报警

防范措施

采用专用转换接头连接气路，保证气路系统的密封性。

5 管理及记录要求

（1）召开班前会和班后会。

（2）工作前编制安全质量控制卡。

（3）开具工作票并办理相关工作手续。

6 作业案例

6.1 ×××变电站 SF_6 电流互感器例行检修

6.1.1 作业前准备

（1）工作负责人根据作业内容编制例行检修作业指导书（见第二部分）。

（2）工作负责人在生产管理系统开具工作票及安全质量控制卡（见第二部分）。

（3）整理所需工器具及材料（见第二部分）。

（4）到达现场后，经工作许可后开始工作。

6.1.2 作业中控制

（1）外观清扫检查。三相标示牌清晰完整，外绝缘表面清洁，无破损、老化、裂纹及放电痕迹。硅橡胶套管应特别注意检查裂纹情况。金属铁件部分无锈蚀现象，相序漆指示明显无脱落现象，如图 1-2 所示。

（2）SF_6气体的密封性检查。对电流互感器 SF_6气体压力表接头、焊接管头进行气密性检漏。如图 1-3、图 1-4 所示。

图 1-2 外观清扫检查

图 1-3 气体压力表接头检查

（3）各引接线头检查。各引线接触面光滑平整，接触良好，引接线应紧固。如有过热，应清除氧化层，涂导电膏或重新紧固。

（4）二次端子箱应密封良好，同时对二次端子进行紧固及清扫，接地端应可靠接地。

（5）SF_6气体压力表和密度继电器应完好，如有破损应更换新品，SF_6压力低于规定值时应补气，如图 1-5 所示。

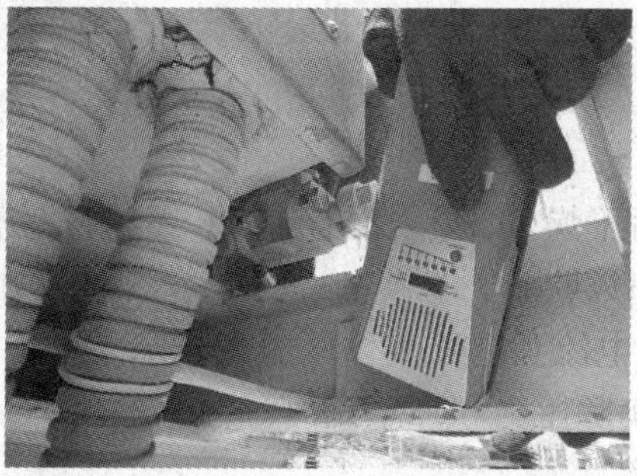

图 1-4 焊接管头进行气密性检漏

图 1-5 SF_6气体压力表和密度继电器检查

（6）电流互感器除锈刷漆，除锈后应先用防锈漆再用银粉漆，刷漆应均匀。

（7）检查检修现场是否有遗留物，被检修设备是否已恢复至检修前状态。

（8）工器具清点，现场清理。

（9）填写检修记录，工作票终结。

6.1.3 作业后小结

（1）召开班后会。

（2）上传录音。

（3）工作票、安全质量控制卡归档。

6.2 ×××变电站 SF_6互感器例行试验

6.2.1 作业前准备

（1）工作负责人根据作业内容编制例行试验作业指导书（见第二部分）。

（2）工作负责人在生产管理系统开具工作票及作业卡（见第二部分）。

（3）整理所需工器具及材料（见第二部分）。

（4）到达现场后，经工作许可后开始工作。

6.2.2 作业中控制

（1）测量电流互感器一次绕组的绝缘电阻，及时做好试验记录。

（2）测量电流互感器的末屏绝缘电阻，及时做好试验记录。

（3）测量电流互感器二次绕组的绝缘电阻，及时做好试验记录。

（4）恢复拆除的二次接线至试验前状态，拆除试验时所连接的试验接线。

（5）工器具清点，现场清理。

（6）填写完整试验记录，工作票终结。

6.2.3 作业后小结

（1）召开班后会。

（2）上传录音。

（3）工作票、安全质量控制卡归档。

6.3 配合 220kV××电流互感器例行检修，进行 SF_6 气体湿度和分解产物含量试验

6.3.1 作业前准备

（1）工作负责人根据作业内容编制作业指导书。

（2）工作负责人在生产管理系统开具工作票及安全质量控制卡。

（3）整理所需工器具及材料。

（4）到达现场后，经工作许可后开始工作。

6.3.2 作业中控制

（1）外观检查。

1）检查 SF_6 电流互感器取气阀门是否污秽，是否干燥，如果表面有脏污，要用布擦干净，如果接头部分有潮气则要用 500W 以上的吹风机用热风吹干。

图 1-6 仪器管路连接图

2）检查 SF_6 电流互感器气体压力表指示是否正常，并记录下气体的实际压力和环境温度。

（2）仪器连接。

用扳手旋开取气阀门的螺帽。根据测量项目的不同，使用专用接头和管路依次将气体湿度仪或六氟化硫分解产物测试仪的进气口与电流互感器的取气阀门相连接，管路连接应牢固。测量仪器的气体出口应该配有 10m 以上的排气管，并引至低洼处，如图 1-6 所示。

（3）仪器预热。

接通仪器电源，开启仪器，进行测量前仪器自检和预热。如图 1-7、1-8 所示。

（4）管路冲洗。

调节仪器进气流量控制旋钮，用少量测试气体冲洗测试管路。

（5）调节流量。

按仪器使用说明书，调节一定的流量。

（6）测量。

图 1-7　SF_6露点仪控制面板

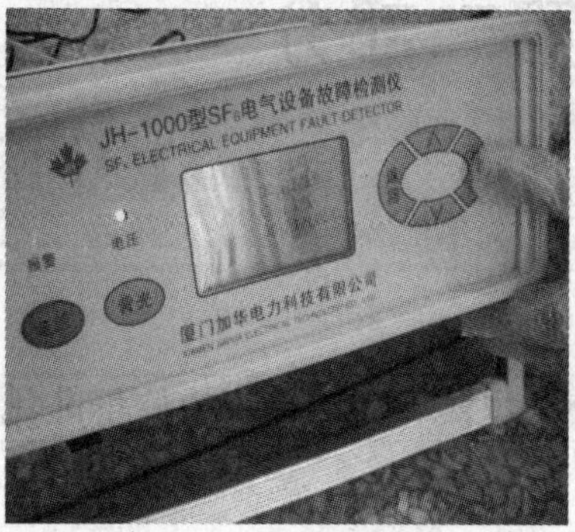

图 1-8　SF_6分解产物测试仪控制面板

按下仪器“测量按钮”，直到仪器示值稳定后读数，并记录。气体湿度测量结果应折算到20℃时的数值。如设备生产厂提供有折算曲线、图表，可采用厂家提供的曲线、图表进行温度折算。否则，推荐参照GB/T 5832.2—2008将SF_6气体湿度测量结果折算到20℃时的数值。

（7）传感器清洁。

读数后，按下仪器“加热按钮”（如露点仪）或“空气清洗泵按钮”（分解产物测试仪），对传感器或镜面进行清洁。

（8）测量结束。

拆卸下转接头，将取气阀门的螺帽旋紧，待气体流量为0时，卸下仪器的导气管和压力调节器，关闭仪器电源。

（9）清理现场。

确认现场没有遗留物。

（10）办理工作票终结。

6.3.3　作业后小结

（1）召开班后会。

（2）上传录音。

（3）工作票、安全质量控制卡归档。

思考与练习

1．SF_6电流互感器例行检修过程危险点有哪些？

2．SF_6电流互感器例行检修需要检查的部件有哪些？

3．简述SF_6电流互感器绝缘电阻测试的目的。

4．SF_6电流互感器例行检修试验有哪些项目？

5．在进行SF_6气体测量过程中应采取哪些措施防止气体中毒？

第二部分 标准化作业文本

1 SF_6电流互感器例行检修标准化作业指导书

SF_6电流互感器例行检修作业指导书

编写：__________ __________ 年 ______月 ______日

审核：__________ __________ 年 ______月 ______日

批准：__________ __________ 年 ______月 ______日

工作负责人：

作业日期：　　年　月　日　时至　年　月　日　时

××××公司

1 范围

本作业指导书适用于××变电站××SF_6电流互感器例行检修作业指导。

2 引用文件

GB 1208—2006 《电流互感器》

DL/T 727—2000 《互感器运行检修导则》

国家电网生技〔2005〕173 号 《110（66）kV-500kV 互感器检修规范》

3 检修前准备

3.1 准备工作安排

√	序号	内 容	标 准	责任人	备 注
	1	开工前三天，准备好施工所需仪器仪表、工器具、相关材料、相关图纸及相关技术资料	仪器仪表、工器具应试验合格，满足本次施工的要求，材料应齐全，图纸及资料应符合现场实际情况		
	2	根据本次作业内容和性质确定好检修人员，并组织学习本指导书	要求所有工作人员都明确本次工作的作业内容、进度要求、作业标准及安全注意事项		
	3	填写第一种工作票，在开工前一天交值班员	工作票应填写正确，并按《电业安全工作规程》执行		

3.2 人员要求

√	序号	内 容	责任人	备 注
	1	现场工作人员的身体状况、精神状态良好		
	2	外来人员必须经过负责施教人员对作业范围、安全措施、工作内容施教确认后方可参加工作		
	3	起重作业特殊工种必须持有效证件上岗		
	4	所有作业人员必须具备必要的电气知识，基本掌握本专业作业技能及《电业安全工作规程》的相关知识，并经《电业安全工作规程》考试合格		
	5	作业负责人必须经单位批准		

3.3 备品备件

√	序号	名 称	规 格	单位	数量	备 注

3.4 工器具

√	序号	名 称	规 格	单位	数量	备 注
	1	绝缘人字梯	5m	部	1	
	2	双控双保险安全带		套	4	

表（续）

√	序号	名　称	规　格	单位	数量	备　注
	3	个人工具箱		盒	1	工作负责人个人专用工具箱
	4	电源接线盘	220V	只	1	带漏电保护器
	5	绝缘电阻表	500V	只	1	

3.5　材料

√	序号	名　称	规　格	单位	数量	备　注
	1	白布	—	m	2	纯棉
	2	油漆刷	1.5"	把	2	
	3	记号笔	极细	支	2	
	4	相色漆	红、绿、黄，醇酸漆	kg	0.3	各 0.1
	5	铁砂布	0 号	张	2	
	6	导电脂	—	kg	0.5	
	7	无水乙醇	99.99%	瓶	1	

3.6　危险点分析

√	序号	内　容
	1	误入带电间隔
	2	工作人员或工器具与带电部位安全距离不够，易引起放电
	3	感应电，易引起人身伤害意外事故
	4	检修电源设备损坏或接线不规范，会引起低压触电
	5	高处作业不正确使用安全带，易发生高空坠落
	6	高压试验作业时，作业班组间协调不够，易引起人身伤害
	7	物品上下抛掷，易伤人或砸坏设备
	8	检修收工，设备上有遗留物

3.7　安全措施

√	序号	内　容
	1	1．确认现场安全措施与工作票上所列安全措施一致。 2．进入检修现场、攀登设备前，须核对设备的双重名称、编号
	2	工作人员或工器具随时与带电部位保持足够的安全距离：220kV≥3.0m，500kV≥5.0m。工作必须由 2 人以上进行，其中 1 人担任监护
	3	防止感应电，在设备导电部位的工作应使用临时个人保安线
	4	1．确认检修电源箱符合规范，并确认电压及类型正确。 2．电源接线应由 2 人以上进行，接线工艺应符合标准
	5	1．高处作业应正确使用安全带。安全带应高挂低用、禁止挂在隔离开关瓷柱上。 2．使用安全带专用挂件，应将其安装牢固、可靠
	6	高压试验时检修人员应撤出试验的遮栏外，试验结束应对被试品可靠放电

表（续）

√	序号	内　　容
	7	物品应用绳子传递，禁止抛掷。工器具应系好保险绳或做好其他防坠落的可靠措施
	8	1．工作结束前，应全面检查设备，确保无遗留物。 2．工作结束前，将设备恢复至工作许可时的状态

4　作业程序及作业标准

4.1　开工

√	序号	内　　容	到位人员签字
	1	工作票负责人按单位有关规定办理好工作票许可手续，完成三级交底工作	
	2	工作负责人对本班工作人员进行明确分工，并确认所有工作人员正确使用劳保用品	
	3	工作负责人在作业现场向所有工作人员详细交待作业任务、安全措施和安全注意事项。全体工作人员应明确作业范围、进度要求等内容，并在到位人员签字栏上分别签名	

4.2　检修电源的使用

√	序号	内　　容	标　　准	责任人签字
	1	检修电源接取位置	从检修电源箱相应试验电源接取	
	2	检修电源的配置	检修电源必须经过漏电保护器	
	3	接取电源时注意事项	1．必须由检修专业人员接取，接取时严禁单人操作。 2．接取电源前应先验电，用万用表确认电源电压等级和电源类型无误，从空气断路器下柱头接取。 3．电源线要求：$2.5mm^2$ 及以上	

4.3　检修内容和工艺标准

√	序号	检修内容	工艺标准	安全措施及注意事项	责任人签字
	1	作业人员、工器具就位	设备及工器具等整齐停放	注意高空作业车作业空间，与相邻带电设备有足够的安全距离	
	2	电流互感器一次接线检查并记录	电流互感器接头检查使用高空作业车，按标准力矩检查 8 只 M12mm×60mm 螺栓和 12 只 M10mm× 50mm 螺栓	高空作业车外壳应接好接地线，吊臂、吊斗与相邻带电设备保持足够的安全距离。 接头检查作业使用工具袋，防止高处落物损坏设备瓷裙，严禁上下抛掷物品，作业人员应正确使用安全保险带	
	3	外观清扫、硅橡胶检查	电流互感器外表硅橡胶无损坏，膨胀器外罩无变形，金属外壳无锈蚀，清洁	作业人员应正确使用安全保险带	
	4	SF_6压力检查，调整	压力表计数值清晰，压力正常，符合运行要求		
	5	二次接线及接线板检查	按标记或按图纸要求检查搭接，接线正确、可靠、密封良好	防止进水	

表（续）

√	序号	检修内容	工艺标准	安全措施及注意事项	责任人签字
	6	电流互感器电气试验	各试验项目符合规程规定，无漏项	与试验无关人员不得进入试验围栏	
	7	对整个例行检修进行全面自验收	对每道工序从头至尾自验收一遍，严把质量关		
	8	检查现场安全措施	临时保安线已拆除，现场安全措施与工作前相符		
	9	设备状态恢复	恢复到工作许可时状态		

5 竣工

√	序号	内容	责任人员签字
	1	清理工作现场，将工器具全部收拢并清点，废弃物按相关规定处理，材料及备品备件回收清点	
	2	按相关规定，关闭检修电源	
	3	做好检修记录，记录本次检修内容，有无遗留问题	
	4	会同验收人员对各项检修、试验项目进行验收	
	5	会同验收人员对现场安全措施及检修设备的状态进行检查，要求恢复至工作许可时状态	
	6	经全部验收合格，做好检修记录后，办理工作票结束手续	

6 验收记录

<table>
<tr><td rowspan="2">自验收记录</td><td>记录改进和更换的零部件</td><td></td></tr>
<tr><td>存在问题及处理意见</td><td></td></tr>
<tr><td rowspan="4">验收单位意见</td><td>检修班组自评价及签字</td><td></td></tr>
<tr><td>检修部门验收意见及签字</td><td></td></tr>
<tr><td>运维班组验收意见及签字</td><td></td></tr>
<tr><td>运维部门验收意见及签字</td><td></td></tr>
</table>

7 作业指导书执行情况评估

<table>
<tr><td rowspan="4">评估内容</td><td rowspan="2">符合性</td><td>优</td><td></td><td>可操作项</td><td></td></tr>
<tr><td>良</td><td></td><td>不可操作项</td><td></td></tr>
<tr><td rowspan="2">可操作性</td><td>优</td><td></td><td>建议修改项</td><td></td></tr>
<tr><td>良</td><td></td><td>遗漏项</td><td></td></tr>
<tr><td>存在问题</td><td colspan="5"></td></tr>
<tr><td>改进意见</td><td colspan="5"></td></tr>
</table>

SF_6电流互感器例行试验（电气）

作业指导书

编写：________ ________ 年 _____月 _____日

审核：________ ________ 年 _____月 _____日

批准：________ ________ 年 _____月 _____日

工作负责人：

作业日期：　年　月　日　时至　年　月　日　时

××××公司

1 范围

本作业指导书适用于××变电站 SF_6 电流互感器例行试验（电气）。

2 引用文件

GB 1208—2006 《电流互感器》

Q/GDW 168—2008 《输变电设备状态检修试验规程》

3 试验前准备

3.1 工作安排

√	序号	内　　容	标　　准	责任人	备　注
	1	根据试验性质，确定试验项目，组织作业人员学习作业指导书，使全体作业人员熟悉作业内容、作业标准和安全注意事项	不缺项、漏项		
	2	了解被试设备出厂和历史试验数据，分析设备状况	明确设备状况		
	3	根据现场工作时间和工作内容填写工作票	工作票填写正确		
	4	准备试验用仪器仪表，所用仪器仪表良好，有校验要求的仪表应在校验周期内	仪器良好		

3.2 人员要求

√	序号	内　　容	责任人	备　注
	1	现场作业人员应身体健康、精神状态良好		
	2	具备必要的电气知识和高压试验技能，能正确操作试验设备，了解被试设备有关技术标准要求，能正确分析试验结果		
	3	熟悉现场安全作业要求，并经《电业安全工作规程》考试合格		

3.3 仪器仪表和工具

√	序号	工 具 名 称	型　号	单位	数量	备　注
	1	电源接线盘	AC 220	只	1	
	2	绝缘胶布		卷	1	
	3	开口扳手	8～32	套	1	
	4	螺丝刀	十字、一字	把	各 3	
	5	绝缘电阻表	ZC25B-4	台	1	0～10000MΩ
	6	数字万用表	FLUKE-111	台	1	
	7	高空作业车		辆	1	
	8	干湿温度计		个	1	

表（续）

√	序号	工具名称	型号	单位	数量	备注
	9	锉刀	平锉、圆锉	把	各1	
	10	计算器		台	1	
	11	线箱		套	3	
	12	绝缘梯		架	1	
	13	放电棒		个	1	
	14	安全围栏	轻便型	支	1	
	15	绝缘垫	轻便型	块	1	
	16	绝缘手套		双	1	
	17	安全带	标准、双控	条	各1	

3.4 危险点分析

√	序号	内容
	1	作业人员进入作业现场不戴安全帽，不穿绝缘鞋可能会发生人员伤害事故
	2	作业人员在无人监护情况下进入作业现场可能会走错间隔或与带电设备的安全距离不够
	3	试验现场不设安全围栏，可能会使非试验人员进入试验场地，造成触电
	4	变更试验接线或加压试验结束时，不对试品充分放电，可能会发生电击
	5	试验设备接地不好，可能会对试验人员造成伤害
	6	登高作业可能会发生高空坠落
	7	工作结束后，设备未恢复到许可前状态造成设备损坏、人身伤害

3.5 安全措施

√	序号	内容
	1	作业人员进入作业现场必须戴安全帽，穿绝缘鞋
	2	现场试验工作必须严格执行工作票制度、工作许可制度、工作监护制度、工作间断、转移和终结制度
	3	试验现场应装设遮栏或围栏，遮栏或围栏与试验设备高压部分应有足够的安全距离，向外悬挂“止步，高压危险！”的标示牌，并派人看守。如果设备两端不在同一地点时，另一端还应派人看守
	4	变更试验接线或加压试验结束时，应首先断开试验电源、放电，并将升压设备的高压部分放电、短路接地。对于未安装接地线的大电容被试设备，应先行放电再做试验，高压直流试验时，每告一段落或试验结束时，应将设备对地放电数次并短路接地
	5	非金属外壳的仪器，应与地绝缘；金属外壳的仪器和变压器外壳应接地。试验装置的电源开关，应使用具有明显断开点的双极刀闸，并有可靠的过载保护装置
	6	登高作业，应正确使用安全带，禁止低挂高用。使用梯子登高时，梯子应安置稳固，禁止把梯子架设在木箱等不稳固的支持物上，并派人扶持，以防梯子下端滑动；使用完梯子，应放倒，注意与带电部分保持安全距离
	7	试验结束后，试验人员应对被试设备进行检查和清理现场，特别注意检查设备上有无遗留工器具和临时安装的接地线，并将被试设备必须恢复到许可前状态

3.6 试验分工

√	序号	试 验 项 目	作业人员
	1	电流互感器绕组及末屏的绝缘电阻测量	

4 试验程序

4.1 开工

√	序号	内 容	作业人员签字
	1	作业负责人全面检查现场安全措施是否与工作票一致，是否与现场设备相符	
	2	作业负责人向工作人员交待工作地点、工作任务、安全措施和注意事项	

4.2 试验项目和操作标准

√	序号	试验项目	试验方法	安全措施及注意事项	试验标准
	1	电流互感器绕组及末屏的绝缘电阻测量	1. 采用 2500V 绝缘电阻表测量。 2. 当有两个一次绕组时，还应测量一次绕组间的绝缘电阻；有末屏端子的，应测量末屏对地绝缘电阻。 3. 时对非被测绕组（或末屏），外壳应接地	1. 接线时应做好防止高空坠落措施和注意保持与带电设备的安全距离。 2. 测量完毕应对被测绕组对地充分放电。 3. 试验过程应有专人监护并呼唱，当出现异常情况时，应立即停止试验，降低电压，断开电源，被试品进行接地放电后再对其进行检查，查明原因后，方可继续试验	1. 一次绕组的绝缘电阻应大于 3000MΩ，或与上次测量无显著差别，一般不超过初值的−50%。 2. 二次绕组之间匝间绝缘电阻应大于 500MΩ。 3. 绕组之间及地的绝缘电阻应大于 500MΩ。 4. 对地（电容型）的绝缘电阻应大于 1000MΩ

4.3 竣工

√	序号	内 容	责任人签字
	1	拆除试验临时电源接线	
	2	检查被试设备上有无遗留工器具和试验用导地线	
	3	将被试设备的一、二次接线恢复正常	
	4	清点工具，清理试验现场，拆除试验临时安全围栏	
	5	向运行人员报告被试设备试验结果	
	6	办理工作票终结手续	

5 信息记录

试验类型	试验内容	信 息 情 况
红外测温	高压引线连接处	
	本体	
在线监测	实时数据、曲线趋势	
停电情况	历年数据	

6 试验总结

序号	试验总结	
1	试验结果	
2	存在问题及处理意见	

7 作业指导书执行情况评估

<table>
<tr><td rowspan="4">评估内容</td><td rowspan="2">符合性</td><td>优</td><td></td><td>可操作项</td><td></td></tr>
<tr><td>良</td><td></td><td>不可操作项</td><td></td></tr>
<tr><td rowspan="2">可操作性</td><td>优</td><td></td><td>修改项</td><td></td></tr>
<tr><td>良</td><td></td><td>遗漏项</td><td></td></tr>
<tr><td>存在问题</td><td colspan="5"></td></tr>
<tr><td>改进意见</td><td colspan="5"></td></tr>
</table>

SF_6气体测试作业指导书

编写：________ ________ 年 _____月 _____日

审核：________ ________ 年 _____月 _____日

批准：________ ________ 年 _____月 _____日

工作负责人：

作业日期：　　年　月　日　时至　　年　月　日　时

××××公司

1 范围

本作业指导书适用于 SF_6 电流互感器中气体湿度和分解产物含量测量作业。

2 引用文件

GB 208—2006 《电流互感器》
GB/T 5832.2—2008 《气体中微量水分的测定 第 2 部分：露点法》
GB/T 8905—1996 《六氟化硫电气设备中气体管理和检测导则》
DL 506—2007 《六氟化硫电气设备中绝缘气体湿度测量方法》
Q/GDW 168—2008 《输变电设备状态检修试验规程》

3 试验前准备工作安排

3.1 准备工作安排

√	序号	作业内容	标准	责任人	备注
	1	根据试验性质，确定试验项目，组织作业人员学习作业指导书，使全体作业人员熟悉作业内容、作业标准和安全注意事项	不缺项、漏项		
	2	了解被试设备出厂和历史试验数据，分析设备状况	明确设备状况		
	3	根据现场工作时间和工作内容填写工作票	工作票填写正确		
	4	准备好工作所需的工器具、材料和备品备件	应齐全、不遗漏		

3.2 人员要求

√	序号	内容	责任人	备注
	1	现场作业人员应身体健康、精神状态良好		
	2	具备必要的电气知识和油化试验技能，能正确操作试验设备和工器具，了解被试设备有关技术标准要求，能正确分析试验结果		
	3	熟悉现场安全作业要求，并经《电业安全工作规程》考试合格		

3.3 材料和工器具

√	序号	名称	规格	单位	数量	备注
	1	活动扳手	8"、10"、15"	把	各 1	
	2	呆扳手		把	1	
	3	电源线	50m	捆	1	
	4	露点仪		台	1	
	5	分解产物测试仪		台	1	
	6	转换接头		套	1	根据设备实际情况准备相应的转接头

表（续）

√	序号	名　称	规　格	单位	数量	备　注
	7	绝缘梯	根据设备高低不同	把	1	
	8	安全带	双控	条	1	
	9	乙烯带		圈	1	

3.4　危险点分析与预控措施

√	序号	危险点	预　控　措　施
	1	走错间隔	工作前应认真核对设备名称、编号、工作地点
	2	高处坠落	1．上下的梯子应有人扶持或绑扎牢。 2．穿防滑性能较好的绝缘鞋。 3．正确使用安全带
	3	气体中毒	1．测量时仪器的排气管路应引至仪器 10m 以外的低洼处，人应处在上风位置。 2．故障 SF_6 电流互感器内部气体含有大量的有害杂质，测量时必须配备安全防护用具（防毒面罩或防毒呼吸器等），防止测量过程中吸入有毒气体
	4	漏气及密度继电器报警	1．采用专用转换接头连接气路，保证气路系统的密封性。 2．操作时应轻、缓，避免阀门（如逆止阀）出现故障以及气体压降过大导致气体密度继电器报警。 3．测量完毕后应注意关紧阀门，防止漏气

4　试验程序

4.1　开工

√	序号	内　容	作业人员签字
	1	作业负责人全面检查现场安全措施是否与工作票一致，是否与现场设备相符	
	2	作业负责人向工作人员交待工作地点、工作任务、安全措施和注意事项	

4.2　试验项目和标准

√	序号	作业内容	作　业　标　准	安全措施及注意事项
	1	外观检查	检查取气口阀门是否有污秽，是否干燥，设备气体压力表指示是否正常	如果接头部分有潮气则要用 500W 以上的吹风机用热风吹干，并记录下设备实际压力和环境温度
	2	仪器连接	使用专用接头将电流互感器的取气阀门与仪器的进气口进行连接，测量仪器的气体出口应该配有 10m 以上的排气管，并引至低洼处	管路连接应牢固。测量时，人应处在上风位置
	3	仪器预热	接通电源，启动仪器，进行自检和预热，清除镜面或传感器内残留气体	
	4	管路冲洗	调节仪器的流量控制阀，用少量测试气体冲洗测试管路	

表（续）

√	序号	作业内容	作业标准	安全措施及注意事项
	5	调节流量	按仪器使用说明书，调节一定的流量	
	6	测量	按下仪器“测量按钮”，直到仪器示值稳定后读数。湿度测量结果应折算到20℃时的数值	如设备生产厂提供有折算曲线、图表，可采用厂家提供的曲线、图表进行温度折算
	7	传感器清洁	读数后，按下仪器“加热按钮”（如露点仪）或“空气清洗泵按钮”（分解产物测试仪），对传感器或镜面进行清洁	
	8	拆卸转接头	拆卸下转接头，将取气阀门的螺帽旋紧，待气体流量为 0 时，卸下仪器的导气管和压力调节器，关闭仪器电源	
	9	清理现场	确认现场没有遗留物	
	10	办理工作票终结		

4.3 竣工

√	序号	内容	责任人员签字
	1	清理工作现场，将工器具全部收拢并清点，废弃物按相关规定处理，材料及备品备件回收清点	
	2	按相关规定，关闭检修电源	
	3	做好检修记录，记录本次检修内容，有无遗留问题	
	4	会同验收人员对各项检修、试验项目进行验收	
	5	会同验收人员对现场安全措施及检修设备的状态进行检查，要求恢复至工作许可时状态	
	6	经全部验收合格，做好检修记录后，办理工作票结束手续	

5 验收记录

序号	试验总结	
1	试验结果	
2	存在问题及处理意见	

6 作业指导书执行情况评估

评估内容	符合性	优		可操作项	
		良		不可操作项	
	可操作性	优		建议修改项	
		良		遗漏项	
存在问题					
改进意见					

4 SF_6电流互感器例行检修安全质量控制卡

班组作业安全质量控制卡

作业名称：检修×班×××kV××变电站××SF_6电流互感器小修

工作负责人编写：____________审核：____________批准：____________

作业性质：______计划时间：__年__月__日__时__分至___年__月__日__时__分

1 作业前

1.1 作业前内业准备

序号	名 称	规 格	单位	数量	确认
1. 现场勘察 * 确认栏内需签字确认		勾选：□已勘察 □无需勘察			
2. 工器具					
2.1	个人工具箱		箱	1	
2.2	钢丝刷		把	1	
2.3	绝缘梯		架	1	
2.4	其他			1	
3.材料					
3.1	砂布		块	2	
3.2	移路多		瓶	1	
3.3	清洗剂		瓶	1	
3.4	油漆	银灰色	瓶	2	
3.5	喷漆	红色	瓶	1	
3.6	破布		块	若干	
4. 防护用品					
4.1	安全带	双控 2m	条	3	
5. 作业文件					
5.1	工作票编号				
6. 其他（录音笔、红马甲）					

1.2 出工准备

序号	名 称	确认
1	班组班前会	
2	出工三检查（着装规范、工器具齐全、精神状态良好）	

2 作业中

2.1 作业组班前会

2.1.1 本作业危险点分析及安全措施交底

序号	危险点分析	安全控制措施	确认
1	搭接检修电源、端子箱工作中低压触电	拆、接线前应确认电源确已断开，接线裸露部分小于5mm	
2	高处作业时坠落	安全带经校验合格，且系挂在牢固的构架上。绝缘梯应有专人扶持或专梯专用，绑扎牢固。上下设备前，须清除鞋底的油污	
3	一次引线拆、接过程中，击伤人员或附件	使用传递绳或绝缘杆传递引线，拆除后应及时绑扎牢固	
4	二次回路拆、接过程中，造成短路或失地	使用带有绝缘包扎的工器具。拆线前做好标记，随拆随进行绝缘包扎。接回时，应由第二人进行复查	
5	电动工具使用中触电	电动工具外壳必须可靠接地	
6	窒息	工作区 SF_6 含量不得超过1000μL/L，入口处若无 SF_6 气体含量显示器，应先通风15min	
7	误入带电间隔	1．确认现场安全措施与工作票相符，加强现场监护。 2．相邻间隔在运行中	
8	工器具遗留在设备上	收工前各专业负责人详细检查设备，确认没有遗留物	

2.1.2 其他班组间配合或交叉作业危险点分析及安全措施交底

序号	相 关 班 组	危险点分析	安全控制措施	确认
1	高试班	高压试验与检修工作交叉进行易发生人身伤害事故	试验前，确保检修人员已撤离试验区域。试验中大声唱和	

2.1.3 安全措施确认

我已知晓上述工作地点、工作内容、停电范围、作业分工、危险点及安全控制措施，精神状态良好。

确认签字：

2.2 关键工序安全质量控制

序号	关 键 工 序	质量安全控制	确认
1	外观清扫检查	三相标示牌清晰完整，外绝缘表面清洁，无破损、无老化、无裂纹及放电痕迹。硅橡胶套管应特别注意检查裂纹情况。清除复合绝缘套管的硅胶伞裙外表积污，一般用肥皂水或酒精清洗，严禁用矿物油、甲苯、氯仿等化学药品。同时检查金属铁件部分无锈蚀现象，相序漆指示明显无脱落现象	
2	SF_6气体的密封性检查	对电流互感器 SF_6 气体接头、密度继电器、焊接管头进行气密性检漏。压力表的数字应在规定范围内，低于规定值时应及时补气	

表（续）

序号	关 键 工 序	质量安全控制	确认
3	SF_6气体压力值检测	符合制造厂规定	
4	二次端子盒检查	二次端子盒应密封良好，无进水，引线无破损；同时对二次端子进行紧固及清扫	
5	各引线接头检查	各引接线头检查，各引线接触面光滑平整，接触良好，引接线应紧固	
6	电流互感器外壳接地检查	电流互感器应完好并可靠接地	
7	电流互感器外壳除锈补漆	电流互感器除锈刷漆，除锈后应先用防锈漆再用银粉漆，刷漆应均匀	

2.3 作业验收

2.3.1 检修人员验收

序号	验 收 内 容	确认
1	检查电流互感器螺栓无丢失且均已上紧	
2	对检修工作全面自验收：逐项检查，无漏项，做到修必修好	
3	检查电流互感器压力表计是否在额定值范围	
4	检查电流互感器二次接线端子是否恢复至检修前状态	
5	检查电流互感器二次接线盒、端子箱均已关紧，防火封堵完好	
6	检查被检修设备是否有遗留物，被检修设备是否已恢复至检修前状态	
7	缺陷处理情况自查	
8	工作负责人验收签字：	

2.3.2 运维人员验收

运维人员验收： 检修记录已登记，现场已验收合格。　　　　运维人员确认签字：

2.4 作业组班后会

序号	项 目	确认
1	作业组班后会	
2	存在问题及措施：	

3 作业后

3.1 作业后内业工作

序号	项 目	内 容	确认
1	生产管理系统流程运转	缺陷流程运转、检修报告编写上传、完成时限填写、完成设备作业后评估	

表（续）

序号	项　目	内　容	确认
2	录音上传	工作票录音	
3	作业文件归档	安全质量控制卡、工作票、检修报告	

3.2 作业评价

评价情况：经检查，本控制卡____________，存在____问题，已向_________________提出。

检查人：________________

____年___月___日

5 SF_6电流互感器例行试验安全质量控制卡

班组作业安全质量控制卡

作业名称：××班×××kV××变电站××SF_6电流互感器单元例行试验

工作负责人编写：________审核：________批准：________

作业性质：________计划时间：___年__月__日__时__分至___年__月__日__时__分

1 作业前

1.1 作业前内业准备

序号	名称	规格	单位	数量	确认
1. 现场勘察 * 确认栏内需签字确认		勾选：☐已勘察 ☐无需勘察			
2. 工器具					
2.1	电源接线盘	AC 220	只	1	
2.2	开口扳手	（8～32）	套	1	
2.3	螺丝刀	十字、一字	把	各3	
2.4	绝缘电阻表	ZC25B-4	台	1	
2.5	数字万用表	FLUKE-111	台	1	
2.6	高空作业车		辆	1	
2.7	干湿温度计		个	1	
2.8	锉刀	平锉、圆锉	把	各1	
2.9	绝缘梯		架	1	
3. 材料					
3.1	安全带	标准、双控	条	各1	
4. 防护用品					
4.1	绝缘胶布		卷	1	
5. 作业文件					
5.1	工作票编号				
6. 其他（录音笔、红马甲）					

1.2 出工准备

序号	名称	确认
1	班组班前会	
2	出工三检查（着装规范、工器具齐全、精神状态良好）	

2 作业中

2.1 作业组班前会

2.1.1 本作业危险点分析及安全措施交底

序号	危险点分析	安全控制措施	确认
1	搭接检修电源、端子箱工作中低压触电	拆、接线前应确认电源确已断开，接线裸露部分小于5mm	
2	高处作业时坠落	安全带经校验合格，且系挂在牢固的构架上。绝缘梯应有专人扶持或专梯专用，绑扎牢固	
3	窒息	工作区 SF_6 含量不得超过1000μL/L，入口处若无 SF_6 气体含量显示器，应先通风15min	
4	误入试验现场	试验现场装设遮拦或围栏，悬挂“止步，高压危险”的标示牌，并有专人监护，严禁非试验人员进入试验现场	
5	碰触带电设备	加压过程中工作负责人认真监护、统一指挥。呼唱时声音洪亮，做到有呼必应	
6	误入带电间隔	1．确认现场安全措施与工作票相符，加强现场监护。 2．相邻220kV×××间隔、220kV×××间隔、220kV×××段母线、220kV×××段母线在运行中	
7	试验设备接地不好，造成伤害	试验设备的金属外壳应可靠接地，试验仪器与设备的接线应牢固可靠	
8	试验结束后不对试品充分放电，会发生电击	为保证人身和设备安全，在进行绝缘电阻测量后应对试品充分放电	
9	工作结束后，未恢复被试设备接线，造成设备异常	断开设备接头前应做明确标记，试验结束后应拆除临时接线，并把被试设备恢复到试验前状态	
10	工器具遗留在电流互感器等设备上	收工前各专业负责人详细检查设备，确认没有遗留物	

2.1.2 其他班组间配合或交叉作业危险点分析及安全措施交底

序号	相关班组	危险点分析	安全控制措施	确认
1	检修班	高压试验与检修工作交叉进行易发生人身伤害事故	试验前，确保检修人员已撤离试验区域。试验中大声唱和	

2.1.3 安全措施确认

我已知晓上述工作地点、工作内容、停电范围、作业分工、危险点及安全控制措施，精神状态良好。 确认签字：

2.2 关键工序安全质量控制

序号	关 键 工 序	质量安全控制	确认
1	绝缘电阻测量	1．一次绕组对二次绕组及地的绝缘电阻>2500MΩ。 2．二次绕组之间及地的绝缘电阻>500MΩ。 3．末屏对地的绝缘电阻>1000MΩ	

2.3 作业验收

2.3.1 检修人员验收

序号	验 收 内 容	确认
1	试验项目是否已全部完成，被测试设备是否已恢复至试验前状态	
2	检查 SF_6 压力是否在额定压力范围内，偏低需立即告知相关负责人	
3	工作场地的卫生清洁工作是否已完成，全部工器具及材料是否已全部收回	
4	检查被测设备是否有遗留物，工竣场清，全部工器具及材料是否已全部收回	
5	工作负责人验收签字：	

2.3.2 运维人员验收

运维人员验收： 检修记录已登记，现场已验收合格。　　　　运维人员确认签字：

2.4 作业组班后会

序号	项 目	确认
1	作业组班后会	
2	存在问题及措施：	

3 作业后

3.1 作业后内业工作

序号	项 目	内 容	确认
1	GPMS 流程运转	缺陷流程运转、检修报告编写上传、完成时限填写、完成设备作业后评估	
2	录音上传	工作票录音	
3	作业文件归档	安全质量控制卡、工作票、检修报告	

3.2 作业评价

评价情况：经检查，本控制卡__________，存在____问题，已向____________提出。

检查人：____________

____年____月____日

6 SF_6气体测试安全质量控制卡

编号：

班组作业安全质量控制卡

作业名称：×班××变电站××电流互感器 SF_6 气体湿度及分解产物含量试验

工作负责人编写：________审核：________批准：________

作业性质：单专业 计划时间：____年__月__日__时__分至__年__月__日__时__分

1 作业前

1.1 作业前内业准备

序号	名　称	规　格	单位	数量	确认
1. 工器具					
1.1	标准工具箱	标准	套	1	
1.2	SF_6微水仪		台	1	
1.3	SF_6分解产物分析仪		台	1	
1.4	梯类	4m 梯	架	1	
1.5	SF_6接头		个	1	
2. 材料					
2.1	乙烯带		圈	1	
3. 防护用品					
3.1	安全带	标准	条	1	
4. 作业文件					
4.1	工作票编号				
4.2	作业文件（评估表、报表）				
5. 其他（录音笔、红马甲）					

1.2 出工准备

序号	名　称	确认
1	班组班前会	
2	出工三检查（着装规范、工器具齐全、精神状态良好）	

2 作业中

2.1 作业组班前会

2.1.1 本作业危险点分析及安全措施交底

序号	危险点分析	安全控制措施	确认
1	防气体窒息和中毒	工作区 SF_6 含量不得超过 1000μL/L，入口处若无带报警装置的氧量仪和 SF_6 浓度仪，应先通风 15min 后方可进入，试验时人员应站在上风侧	
2	人身触电	检查工作票上设备名称、编号应与检修设备一致。工作中加强监护，保持足够的安全距离；在变电站应由两人放倒搬运梯子。不准超越遮栏进入运行设备区	
3	高处坠落	高处作业时需绑好安全带，严禁低挂高用	
4	漏气及密度继电器报警	1．采用专用转换接头连接气路，保证气路系统的密封性。 2．操作时应轻、缓，避免阀门（如逆止阀）出现故障以及气体压降过大导致气体密度继电器报警。 3．测量完毕后应注意关紧阀门，防止漏气	

2.1.2 安全措施确认

我已知晓上述工作地点、工作内容、停电范围、作业分工、危险点及安全控制措施，精神状态良好。 确认签字：

2.2 关键工序安全质量控制

序号	关键工序	质量安全控制	确认
1	接检修电源	严禁移开或越过遮栏；防止触电	
2	连接接头及管路，从设备取气口取气	接头及连接管道应密封良好，不漏气，保持流量稳定；试验时人员应站在上风侧	
3	做好原始记录	仪器示值稳定后读数，并及时记录，湿度测量结果应折算到20℃时的数值	
4	试验结束	恢复现场，关紧取气阀门，清点工具，清理现场	

2.3 作业验收

2.3.1 检修人员验收

序号	验 收 内 容	确认
1	检查各取样螺帽已封紧，无漏气	
2	检查 SF_6 压力是否在额定压力范围内，偏低需立即告知相关负责人	
3	检查设备上无遗留工器具、材料	
4	工作负责人验收签字：	

2.3.2 运维人员验收

运维人员验收： 检修记录已登记，现场已验收合格。　　　　　　运维人员确认签字：

2.4 作业组班后会

序号	项　　目	确认
1	作业组班后会	
2	存在问题及措施：	

3 作业后

3.1 作业后内业工作

序号	项　　目	内　　容	确认
1	生产管理系统流程运转	报表编写上传、完成设备作业后评估	
2	录音上传	工作票录音	
3	作业文件归档	安全质量控制卡、工作票、报表	

3.2 作业评价

评价情况：经检查，本控制卡____________，存在__________________________________问题，已向__________________提出。

检查人：____________

____年____月____日

7 变电站电气第一种工作票

××电业局（供电公司）

××变电站电气第一种工作票

编号：××××

1．部门：××　工作班组：××　工作负责人：××

2．工作班人员：杨××、陈××、黄××

共 ×× 人

3．工作任务：

工 作 地 点	工 作 内 容
220kV ××电流互感器	220kV××电流互感器例行检修试验

4．计划工作时间：自××年×月×日×时×分至××年×月×日×时×分

5．安全措施

电气接线图或必要时可附页绘图说明：220kV××断路器及线路检修状态图。

许可前由工作许可人会同工作负责人到现场逐项检查核对后在已执行栏打√。

序号	应断开的断路器、隔离开关，应取下的熔丝，应解除的继电保护连接片等（包括填写前已断开、取下、解除的）注明编号	已执行
1	断开××隔离开关及其直流控制电源空气断路器 4K1、4K2	
2	断开××隔离开关及其交流操作电源空气断路器 3ZKK1	
3	断开××隔离开关及其交流操作电源空气断路器 3ZKK2	
4	断开××断路器及其交流操作电源空气断路器 3ZKK3	
5	断开××线路电压互感器二次侧空气断路器 2ZKK	
序号	应装接地线、应合接地开关（注明接地线具体位置，并留出空位由许可人注明接地线编号）	已执行
1	合上××甲接地开关	
2	合上××乙接地开关	
3	合上××丙接地开关	
序号	应设遮栏、应挂标示牌、防止二次回路误碰的措施	已执行
1	在 220kV 保护小室（二）：（017）××断路器 KK 把手上悬挂“禁止合闸，有人工作”标示牌	
2	在××断路器机构箱、××、××隔离开关机构箱及××断路器端子箱上分别悬挂“禁止合闸，有人工作”标示牌	
3	在××隔离开关机构箱、××线路电压互感器端子箱上分别悬挂“禁止合闸，线路有人工作”标示牌	

表（续）

<table>
<tr><td>序号</td><td>应设遮栏、应挂标示牌、防止二次回路误碰的措施</td><td>已执行</td></tr>
<tr><td>4</td><td>在××断路器及电流互感器、××线路避雷器及电压互感器、××隔离开关处分别悬挂“在此工作”标示牌，并在其四周装设围网，面向检修设备悬挂适量的“止步，高压危险”标示牌，并在其出入口处悬挂“从此进出”标示牌</td><td></td></tr>
<tr><td colspan="2">工作地点保留带电部分或注意事项（签发人或工作负责人填写）</td><td>补充工作地点保留带电部分和安全措施（许可人填写）</td></tr>
<tr><td colspan="2">注：1．工作过程中使用的移动电源应带有漏电保护装置，且施工电源应从试验电源屏或指定的检修电源箱上接用，禁止从运行设备的操作电源、控制电源、保护电源上接用。
2．搬运梯子等长物应放倒由两人搬运，梯子应使用绝缘梯，并做好防滑措施，上下梯子应有专人扶持，禁止上下抛接工器具等物品。
3．高空作业应系好安全带，防止高空坠落，高空作业车辆应与220kV设备带电部位保持6.0m及以上安全距离。
4．相邻××间隔、××间隔、220kV××段母线、220kV××段母线在运行中，××隔离开关、××隔离开关静触头带电，工作中与220kV设备带电部位保持3.0m及以上安全距离。
5．进行高压试验时，应装设围网，并背朝试验设备悬挂适当数量的“止步，高压危险”标示牌。试验时，加压部分与检修部分应可靠隔离，按试验电压保持足够的安全距离，并派专人指挥看守</td><td></td></tr>
</table>

二次工作安全措施票（票号）：无

工作票签发人签名：__________ 签发日期：××年×月×日×时×分

收到工作票时间：××年×月×日×时×分 值班人员签名：__________

6．确认本工作票1～5项

许可开始工作时间：××年×月×日×时×分

工作许可人签名：__________ 工作负责人签名：__________

7．工作人员变动：

增添人员姓名	日	时	分	工作负责人签名	离去人员姓名	日	时	分	工作负责人签名

8．工作负责人变动：

原工作负责人_____离去，变更_____为工作负责人。

变动时间：_____年_____月_____日_____时_____分 工作票签发人签名：________

9．工作票延期：有效期延长到：××年×月×日×时×分

工作负责人签名：__________ 值长或值班负责人签名：__________

10．每日开工和收工时间（使用一天的工作票不必填写）

收工时间				工作负责人	工作许可人	开工时间				工作负责人	工作许可人
月	日	时	分			月	日	时	分		

11．工作结束：设备及安全措施已恢复至开工前状态，现场已清理完毕，工作班人员已全部撤离。全部工作于××年×月×日×时×分结束。

工作负责人签名：＿＿＿＿＿＿＿＿＿＿ 工作许可人签名：＿＿＿＿＿＿＿＿＿＿

12．工作票终结：临时遮栏、标示牌已拆除，常设遮栏已恢复。接地线编号××××××等共＿组、接地开关××（小车）共××副（台）未拆除或拉开，已汇报调度。

工作许可（当值）人签名：＿＿＿＿＿＿＿＿时间：××年×月×日×时×分

13．备注：

（1）检修工作中允许试分合的设备：

允许试分合的设备	解锁执行人	解锁时间	操作人	监护人	操作设备时间

（2）工作负责人指定专职监护人：

第一组　负责监护＿＿＿＿＿＿＿＿＿＿＿＿＿＿＿＿＿＿＿＿＿＿＿＿＿＿

第二组　负责监护＿＿＿＿＿＿＿＿＿＿＿＿＿＿＿＿＿＿＿＿＿＿＿＿＿＿

第三组　负责监护＿＿＿＿＿＿＿＿＿＿＿＿＿＿＿＿＿＿＿＿＿＿＿＿＿＿

（3）其他补充安全措施：＿＿＿＿＿＿＿＿＿＿＿＿＿＿＿＿＿＿＿＿＿＿＿＿＿

＿＿＿＿＿＿＿＿＿＿＿＿＿＿＿＿＿＿＿＿＿＿＿＿＿＿＿＿＿＿＿＿＿＿＿＿

＿＿＿＿＿＿＿＿＿＿＿＿＿＿＿＿＿＿＿＿＿＿＿＿＿＿＿＿＿＿＿＿＿＿＿＿

（4）其他事项：＿＿＿＿＿＿＿＿＿＿＿＿＿＿＿＿＿＿＿＿＿＿＿＿＿＿＿＿＿

＿＿＿＿＿＿＿＿＿＿＿＿＿＿＿＿＿＿＿＿＿＿＿＿＿＿＿＿＿＿＿＿＿＿＿＿

14．交任务、交安全措施确认：我对工作负责人布置的工作任务及安全措施已明白无误，所有安全措施已能确保我的工作安全。

工作班人员签名：＿＿＿＿＿＿＿＿＿＿＿＿＿＿＿＿＿＿＿＿＿＿＿＿＿＿＿＿

＿＿＿＿＿＿＿＿＿＿＿＿＿＿＿＿＿＿＿＿＿＿＿＿＿＿＿＿＿＿＿＿＿＿＿＿

＿＿＿＿＿＿＿＿＿＿＿＿＿＿＿＿＿＿＿＿＿＿＿＿＿＿＿＿＿＿＿＿＿＿＿＿

15．评价情况：经检查本票为＿＿＿＿票。存在＿＿＿＿＿＿＿＿＿＿＿＿＿＿

＿＿＿＿＿＿＿＿＿＿＿＿＿＿＿＿＿＿＿＿＿问题，已向＿＿＿＿指出。

检查人：＿＿＿＿＿＿＿＿

＿＿年＿＿月＿＿日

8 变电站电气第二种工作票

××电业局（供电公司）

××变电站电气第二种工作票

编号：×××××

1．部门：×××　工作班组：×××　工作负责人：×××

2．工作班人员：杨××、陈××、黄××

共 ×× 人

3．工作任务（工作地点和工作内容）：

工作地点	工作内容
××变电站××电流互感器	SF_6气体湿度和分解产物含量测试

4．计划工作时间：自××年×月×日×时×分至××年×月×日×时×分

5．工作条件（停电或不停电，及邻近带电或保留带电设备名称）：不停电

6．安全措施和注意事项：

（1）工作中人与工器具应注意与110kV高压带电部位保持1.5m及以上、与35kV高压带电部位保持1.0m及以上、与10kV高压带电部位保持0.7m及以上安全距离；（2）工作完毕后应关紧阀门，清理现场遗留物。

二次工作安全措施票（票号）：______

工作票签发人签名：×××　　签发日期：××年×月×日×时×分

7．补充安全措施（工作许可人填写）：______

8．确认本工作票1～7项

许可开始工作时间：____年__月__日__时__分

工作许可人：______　　工作负责人：______

9．工作人员变动：

增添人员姓名	日	时	分	工作负责人签名	离去人员姓名	日	时	分	工作负责人签名

10．工作负责人变动：

原工作负责人______离去，变更______为工作负责人______。

变动时间：___年___月___日___时___分

工作票签发人签名：______

11．工作票延期/有效期延长到：___年___月___日___时___分

工作负责人签名：________________　　值长或值班负责人签名：________________

12．工作票终结：

工作班人员已全部撤离，现场已清理完毕。全部工作于____年__月__日__时__分结束。

工作负责人：____________________　　工作许可人：____________________________

13．备注：____

14．交任务、交安全措施确认：我对工作负责人布置的工作任务及安全措施已明白无误，所有安全措施已能确保我的工作安全。

工作班人员签名：____

15．评价情况：经检查本票为_________票。存在__________________________________
____问题，已向__________指出。

检查人：____________________

_____年_____月_____日

思考与练习答案

1．答：高空坠落、触电、窒息。

2．答：外观清扫检查，三相标示牌清晰完整，外绝缘表面清洁，无破损、老化、裂纹及放电痕迹。硅橡胶套管应特别注意检查裂纹情况。金属铁件部分无锈蚀现象，相序漆指示明显无脱落现象。SF_6气体的密封性检查，对电流互感器SF_6气体压力表接头、密度继电器、焊接管头进行气密性检漏。SF_6气体密度继电器校验。二次端子箱应密封良好，无进水，引线无破损，同时对二次端子进行紧固及清扫。各引接线头检查，各引线接触面光滑平整，接触良好，引接线应紧固。电流互感器应完好并可靠接地。电流互感器除锈刷漆，除锈后应先用防锈漆再用银粉漆，刷漆应均匀。

3．答：测试SF_6电流互感器的绝缘电阻能有效地发现其绝缘整体受潮、脏污、贯穿性缺陷，以及绝缘击穿和严重过热老化等缺陷。末屏对地绝缘电阻的测量能有效地监测电容型电流互感器进水受潮缺陷。

4．答：电流互感器的例行检修试验项目：①绝缘电阻测量：一次绕组对二次绕组及地的绝缘电阻；二次绕组之间及地的绝缘电阻；末屏对地的绝缘电阻。②SF_6气体试验：20℃下SF_6气体湿度测试；SF_6气体分解产物含量测试。

5．答：防范措施：

（1）测量时仪器的排气管路应引至仪器10m以外的低洼处，人应处在上风位置。

（2）故障SF_6电流互感器内部气体含有大量的有害杂质，测量时必须配备安全防护用具（防毒面罩或防毒呼吸器等），防止测量过程中吸入有毒气体。